Abbé GELLÉ

Docteur en Théologie

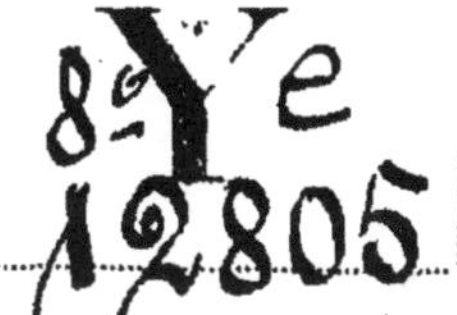

Vingt-Cinq
Chemins de Croix

PARIS

LIBRAIRIE BLOUD & GAY

3, rue Garancière

1930

Vingt-cinq Chemins de Croix

OUVRAGES DU MÊME AUTEUR

L'enfant du secret : Guy de Fontgalland
  (Un vol. in-8º, Bloud et Gay) . . . .   9 «
Retraite de Communion Solennelle aux
  enfants les plus exposés . . . . . .   9 «
La grâce à dix ans, essai de discerne-
  ment et d'éducation de la grâce
  (thèse pour le doctorat), 2e édition. . 12 «
Mes petits gars, 4e édition. . . . . . 10 «
Mes petites filles . . . . 10 «
Prières Dorées de *Mes petits gars,* 2e éd.   3 50
Retraite de Communion Solennelle.
  Essai d'éducation eucharistique
  (2e édition). . . . . 10 «
Programme pour le temps présent (aux
  Catéchistes) 3 50
Conscience et confession des jeunes en-
  fants (aux Catéchistes). 3 50
L'essentiel au catéchisme (faire penser,
  faire sentir, faire agir, faire prier) . .   7 50
Catéchèses mystiques : La Sainte Trinité   3 50
  La communion : 2 50 — La messe :   3 «
  La mort :   3 « — La liturgie :   2 «
Les Curés Solitaires (aux prêtres isolés).   3 «
Les Ecueils des Curés Solitaires. . . . .   3 «
Les vieux isolément (aux mêmes). . . .   2 «

Franco : 10 p. 100 en plus.

Chez l'auteur, à Brette, Sarthe (ch. post.
Rennes 3557).

Abbé GELLÉ

DOCTEUR EN THÉOLOGIE

Vingt-cinq Chemins de Croix

LIBRAIRIE BLOUD & GAY

3, RUE GARANCIÈRE. PARIS

NIHIL OBSTAT
Aug. PÉARD, ch.
cens. dép.

IMPRIMATUR
A. MIGNON
Vic. gén. du Mans

DE LA PAIX

PRIÈRE A L'AUTEL

Adorons Jésus, Dieu de la Paix.

Par la médiation de Marie, apprenons le
chemin de la paix, qui n'est autre, que le
chemin de la croix.

I

Condamnons à mort notre amour-propre.

Car l'amour de charité et l'amour-prore
sont inconciliables.

Et il n'y a de paix que dans l'ordination du
Divin Amour.

Condamnation sans appel, et tout de suite,
et pour toujours.

II

L'amour-propre, à mourir, souffre.
Tant qu'il sent, il n'est pas mort.
Prévoyons de douloureuses croix...
D'avance acceptons-les,
    d'un baiser.

III

Jésus perd l'équilibre pour nous stabiliser
    dans la paix.
Et d'abord, dans la paix en nous-mêmes,
    ou avec nous-mêmes.
Orgueil, gourmandise, etc... troublent notre
    paix.
De l'ordre dans le cœur; et un ordre stable.

IV

Parmi les pires angoisses et injustices
    Marie garde la paix.

Dans un cœur dont elle demeure maîtresse :
Avec Dieu qu'elle bénit, en même temps
   qu'elle le supplie.
Avec le prochain, pourtant si cruel,
Et même avec nous, qui l'aimons si mal!

V

L'humanité doit être contrainte, comme le
   Cyrénéen, à entrer dans le vrai chemin
   de la paix.
Et d'abord chacun de nous doit se faire
   cette violence.
Laquelle en même temps soulage et console
   Jésus surtout dans sa passion Eucharis-
   tique.

VI

Le visage reflète l'âme. Notre visage est-il
   pacifique, est-il pacifiant, ou des éma-
   nations orageuses nous environnent-
   elles?

Sur l'état de nos relations, d'après l'accueil
qui nous est fait, ou l'isolement où nous
sommes réduits, jugeons de notre face et
de notre intérieur.

VII

Jésus perd l'équilibre pour nous stabiliser
dans la paix : avec le prochain.
Notre Moi cède-t-il devant les autres? Ou
bien compte-t-il encore?
Sauf le péché, il nous faut être faciles à
piétiner comme la boue.
Mais nous regimbons comme la vipère.
Et notre morsure est venimeuse.

VIII

La paix sociale! La paix entre les peuples!
La paix domestique!
Il vaut mieux n'être pas, que d'être trou-
blé.

Et la division finit par détruire.

Par pitié pour votre œuvre, ô mon Dieu,
rendez au monde l'Unité chrétienne!

IX

Jésus perd l'équilibre pour nous stabiliser
dans la paix : avec Dieu.

Dieu est l'unique appui des nations.

Le grand mal des peuples et des individus
est de se passer de Dieu, comme s'il n'existait pas.

Et les sociétés croulent.

X

Voyez quelles blessures, quand la paix est
troublée!

Troubles de la conscience,

Conflits sociaux,

Déséquilibre mental...

Et dans tous ces états, on souffre comme
des écorchés.

XI

Il nous faut donc nous faire clouer à l'arbre
   de la paix
Par les trois clous des conseils évangéliques,
   bien enfoncés, rivés;
Et puis, nous tenir tranquilles.

XII

Pas un mot d'amour-propre dans cette
   agonie!
Qu'on nous fende le cœur cruellement, il
   n'en doit pas sortir un souffle d'amour-
   propre.
La croix, seule, a la vertu de faire mourir
   l'amour-propre.
A la longue. Combien de siècles nous fau-
   drait-il?
En purgatoire, nous aurons le temps.

XIII

O Marie nous nous confions à vous. Recevez
  notre pauvre âme et notre pauvre corps
  délabrés par l’amour-propre.
En vous pas trace d’amour-propre, tant le
  Verbe vous possédait parfaitement!
Notre amour-propre mourra avec nous;
Et, Dieu merci, ne ressuscitera pas **avec**
  nous.

XIV

Pour le monde, Jésus enseveli n’existe **plus.**
On nous aura vite oubliés, une fois morts.
  Déjà on s’occupe si peu de nous!
« Aimez passer inaperçu et être compté
  pour rien ».
Si nous sommes comme des morts, morts
  au péché, que le monde ne s’occupe donc
  plus de nous!
Et trouvons que cela est bien.

DE LA FOI

PRIÈRE A L'AUTEL

Seigneur, augmentez notre foi! Illuminez notre connaissance! Au prix même des pires tentations contre la Foi! Pourvu que vous nous gardiez de tout péché!

I

Le Christ historique. Nous en connaissons l'histoire.
Mais il y a aussi le mystère, caché sous l'histoire.
Révélez-nous le Mystère!

II

Suivre Jésus portant sa croix, c'est mar-
cher dans la foi.

Il y a donc dans la foi une croix : la croix
des tentations contre la foi.

Dans ces terribles épreuves,

Si vous nous en faites la grâce,

Augmentez notre foi!

III

Première déception, première tentation
contre la foi : le Christ historique semble
s'évanouir.

Quand on veut penser sa vie et sa mort,
comme faits historiques, tout semble
fuire.

Cependant la foi alors se perfectionne, mais
dans son élément divin, dont on n'a pas
conscience.

IV

Marie eut la foi la plus éclairée et pourtant
la plus sereine.

Sans aucune tentation contre la foi, parce
qu'elle était l'Immaculée.

Nous ne sommes pas purs; nous pouvons
être purifiés.

Nous devenons purs par abstraction de ce
qui est humain.

Elle était pure dans l'usage même de ce qui
est humain.

Mère de la Divine Foi, priez pour nous!

V

Seigneur, procurez-nous toute l'aide possible dans les tentations contre la foi!

L'assistance des Bienheureux, qui voient
ce que nous croyons;

L'exemple de nos frères, qui vivent selon la

foi; et la persévérante affirmation, aux
heures de l'épreuve : je crois, je crois tout
ce que l'Église croit.

VI

Quand il est réduit à cet état, nous flatte-
rions-nous de faire belle figure?
Ne nous étonnons pas des tentations qui
défigurent notre âme.

VII

Deuxième déception, deuxième tentation :
par rapport à la Divinité du Christ.
Comme s'il n'était pas Dieu! Qu'on ne pût
l'adorer! qu'il ne fût le seul Très Haut,
Jésus-Christ!
Et des négations blasphématoires montent
aux lèvres!
Dans une si terrible épreuve, Seigneur,
ayez pitié de nous!

VIII

Quand même, parlons selon la foi, agissons
selon la foi, professons la foi, propageons
la foi, puissions-nous, dans le martyre,
confesser la Divine Foi!
Car la lumière qui fait les prophètes, brille
dans les ténèbres de la Foi.

IX

Troisième déception et tentation. Il n'y a
pas de Dieu, ni de ciel, ni d'enfer.
Ame, éternité, grâce, péché, tout croule!
Et la pauvre âme ne trouve plus dans ses
pensées aucun point d'appui.
Dans son effroi, Seigneur, soutenez-la!
Et c'est alors que le Seigneur l'élève et
l'emporte.

X

Il n'est de faculté, d'opération, d'activité
il n'est rien d'humain. que ces épreuves
ne blessent:
Angoisses, ignominie, acuité de la douleur.
Le rayon du Thabor perce pourtant sur ce
Calvaire.

XI

Être cloué, de bons clous, sur cette croix
volontaire, de libre élection.
Il serait si facile, de n'être plus tenté! Il
suffirait, Seigneur, de ne plus vous aimer.
Facile? Impossible!
Clouez-moi donc dans les ténèbres, jusqu'à
la mort!

XII

Jusqu'à la mort. Jusqu'à mon dernier
souffle, peut-être.

Jusqu'à la mort, du moins, de toute acti-
vité naturelle dans la foi;
Que le Mystère, mystérieusement, soit mon
unique loi! Et je serai mort!
Et ma vie sera cachée avec le Christ en
Dieu.

XIII

O médiatrice de toute grâce, et surtout de la
contemplation,
Recevez ce mort.
Et, par la divine grâce, qu'il continue à
suffire à tous ses devoirs dans l'ordre
naturel,
Semblable au corps inanimé de Jésus, que
vous seule mettiez en mouvement.

XIV

Aux yeux du monde on est, en cet état,
vraiment mort et enseveli.

Tels furent cependant les grands Apôtres,
les grands Missionnaires, les grands Ré-
formateurs, les grands Initiateurs.
Suscitez, Seigneur, des vocations mystiques!
Consacrez des reclus de vos Ténèbres!
Car de leurs tombeaux surgira votre Vérité.

DU TÉMOIGNAGE

A L'AUTEL

« Témoin fidèle », Jésus alla rendre témoignage par le chemin de la croix. O Marie, aidez-moi à comprendre cet exemple, et à le reproduire.

I

Il reconnaît la volonté de son Père, pardelà la décision criminelle de Pilate.
Dans la maladie, dans la mort violente, discernons la volonté de Dieu; et, d'avance, disons oui de mourir.

II

Puissions-nous mourir, non d'une mort
quelconque, mais d'une mort librement
choisie, et chérie, et portée, comme Jésus
porta sa croix! En un mot, d'une mort
volontaire!
Mort pour l'amour!
Mort par amour!
Mort d'amour?

III

Expiation de la mort inutile, scandaleuse
même des impénitents.
Ils ont du moins l'air de mourir sans repen-
tir;
Et de devoir servir d'ornement à l'enfer!

IV

Marie aussi rend témoignage!
Suivons Jésus maternellement.

Ce qui se peut, si nous concevons dans
   notre cœur un noble dessein de conversion;
Si nous enfantons dans nos mœurs un
   noble dessein, qui nous immole.

V

Il faut nous forcer nous-mêmes.
Ou prier qu'on nous force.
Ce que nous ne portons pas,
C'est Jésus qui le porte.

VI

Noble et courageuse fille, qui ne rougit pas
   de Jésus-Christ!
Récompensée, selon le goût du Seigneur
   par la conformité à la Passion.
Si nous plaisons à Dieu, nous souffrirons
   beaucoup.
Ce sera notre témoignage de fidélité.

VII

Mort inutile et presque scandalisante, de
ceux qui se fâchent de mourir, qui se
disputent à la volonté de Dieu.
Témoignent-ils qu'ils aiment Celui qu'ils
fuient?

VIII

Tant de gens ne comprennent rien au Divin
Cœur qu'ils prétendent consoler!
Leur pitié animale plutôt l'irrite, en voi-
lant devant le monde la pureté de son
témoignage,
De sa mort volontaire, par amour.
On le plaint, comme s'il y allait de mauvais
cœur!

IX

Mort à peu près inutile encore, parce que
sans effet apostolique,

De ceux qui meurent d'épuisement,
De rien et pour rien
Au lieu de tomber en victimes pour une
 noble cause!

X

Etant toute plaie, il est tout témoignage.
Tout, dans nos mœurs, dans nos usages,
Si le monde le savait,
Ferait-il honneur à Dieu?
Les consciences si souvent recèlent des
 coins d'ombre!

XI

Faisons ce que nous voudrons, mais cloués.
Pas de souffrance, pas de témoignage.
C'est dur? Le chemin de la croix n'est pas
 un chemin de roses.
Que l'on reste chez soi, si l'on craint pour
 ses pieds, pour ses mains, pour sa tête.

XII

Notre mort compensera-t-elle notre vie
    inutile?
O mon Dieu faites-nous la grâce de ne pas
    mourir pour rien,
Quand la mort peut faire tout.

XIII

Sur les genoux de Marie, de l'Eglise,
O vous, tels et tels que je connais, scandales
    vivants de vos frères,
recevez enfin miséricorde
et convertissez-vous
Pour que le monde connaisse que le Père
    vous aime et est aimé de vous!

XIV

Regardons notre tombe ouverte

la terre de nos pères, poussière de leur substance,
terre vivificatrice
d'où nous sortirons vivants
au jour du grand Témoignage de la Résurrection.

LA VRAIE VIGNE

A L'AUTEL

Jésus a dit : « Je suis la vraie vigne », dont
le vin généreux réjouit le cœur de
l'homme.

O Marie, aidez-nous à connaître et estimer
la «vraie vigne» et les allégresses méritées
à chacune des stations.

I

Condamné injustement et mis au rebut,
Comme un sarment sec, qui n'est plus bon
à rien.
Allégresse de la bonne conscience,
parmi les traitements indignes.

II

A la vigne il faut un pal.
Allégresse de la croix,
amoureusement acceptée.

III

Avant d'être attachée,
la vigne traîne à terre.
Allégresse de l'humilité.

IV

Il faut à la vigne, outre les feux du soleil,
l'humidité des rosées et des pluies :
il faut la tendresse et les larmes de Marie.
Béatitude des larmes.

V

La vigne s'accroche à ce qu'elle peut
Et Jésus s'appuie sur l'épaule du Cyrénéen.

La joie d'aider à Jésus,
c'est-à-dire de souffrir avec lui.

VI

La vigne se plaît dans les terrains arides.
Elle ne se reflète pas dans les vasques
Mais le vin pétille dans les yeux.
Oh! la joie de contempler le Divin Amour!

VII

A terre, la vigne piétinée
est souillée, est blessée.
Elle repoussera.
Pécheurs,
reprenons confiance.

VIII

« Israël à l'ombre de sa vigne », comme
l'avaient prédit les prophètes.

Les feuilles sont les paroles de Jésus.
Heureux ceux qui entendent Jésus,
même s'il menace.

IX

A terre, entre les mains du jardinier
Qui la ramasse, avant de la lier au pal.
Tels nous sommes entre les mains du confesseur,
pour la paix de notre conscience.

X

Le jardinier taille la vigne.
On dit alors qu'elle pleure.
Elle ne semble plus être qu'une badine des-
séchée.
Joie du renoncement, du dépouillement.

XI

Notre vigne n'est pas liée, mais clouée.
Joie de la patience
Dans les douleurs physiques.

XII

Sur l'échalas
elle mûrit
au feu de la justice, de la tribulation, et du
   Divin Amour.
Les délices du Divin Amour, au prix de la
   mort mystique.

XIII

Le fruit est cueilli
mis dans la cuve, où il fermente
La grâce, et la vertu de la Passion,
dans l'Église, dans les sacrements
par la Sainte Eucharistie.

XIV

Le vin est mis à vieillir dans les caves
d'où il sort, comme un rayon de soleil.
La paix de la sépulture chrétienne,
pour la résurrection.

LA NATURE IMMACULÉE

Jésus traîne la nature immaculée par le
chemin de la croix,
afin de guérir notre corruption naturelle.

I

Jésus est condamné injustement.
Nous avons une pente naturelle à condamner,
à juger,
à penser mal.

II

Il lève les bras pour porter sa croix.

Nous sommes naturellement paresseux.

Même pour prier, pour aimer, il nous faut
    faire effort!

III

Il s'abaisse,

pour nous apprendre à incliner la tête de-
    vant nos supérieurs,

à dépendre

même de nos inférieurs (sauf le péché).

IV

Jésus et Marie s'unissent du plus saint bai-
    ser

pour nous apprendre à ne pas prostituer
    notre cœur,

à vivre en paix avec les autres.

V

Jésus se fait aider.

Notre orgueil ne le veut pas.

Notre aveuglement s'ignore.

Nous avons pourtant besoin les uns des
autres.

VI

Jésus se laisse consoler.

Notre orgueil s'isole,

Et nous persuade que personne n'est digne
de nous,

digne de nous comprendre,

digne de nous suffire (sous réserve de Dieu).

VII

Il s'abaisse pour nous apprendre à plier les
genoux.

Dans la prière, devant Dieu;
en confession, devant le prêtre;
en service, devant nos frères.

VIII

Pour nous apprendre à penser aux autres,
à procurer le profit des autres,
à les aimer d'amitié, eux-mêmes, non pas
nous en eux, sans notre satisfaction
égoïste,
même quand nous souffrons.

IX

Il s'abaisse pour nous apprendre à nous
prosterner
dans la pénitence,
reconnaissant publiquement nos fautes,
alors que la fausseté foncière de certains
va jusqu'au sacrilège.

X

Quelle audace! Tant il tient à être crucifié.
Et nous avons honte de bien faire!
Et nous nous cachons de servir Jésus-
Christ!

XI

Cloué dans l'immobilité,
pour guérir nos variations
de jugements, de résolutions,
de sentiments, d'intention,
d'humeur,
pour un oui pour un non, sans rime ni
raison!

XII

S'il eût eu une personnalité humaine, elle
eût cessé d'être [1].

---

1. A la mort, la « personne », au sens philosophi-
que, cesse d'être.

Immolons notre moi égoïste,
et qui ne doit pas plus compter,
que s'il n'existait pas.

XIII

Pour nous apprendre à nous confier à Marie,
    à Son Cœur Immaculé, à Sa Médiation.
Malgré l'Arianisme, le Jansénisme, et des
    oppositions récentes.
Ne serions-nous pas encore guéris de toute
    prévention contre vous, ô Marie?

XIV

Pour nous faire aimer la terre, le travail de
    la terre,
que l'on quitte pour les plaisirs de la ville
et la terre de nos pères, la patrie,
que l'on tâche d'exploiter, au lieu qu'on
    doit pour elle se sacrifier.

« JETÉ DEHORS » EN ENFER

A L'AUTEL

Jésus « jeté dehors », en un certain sens,
c'est-à-dire du ciel sur la terre.
Par ce qui lui arrive au chemin de la croix,
puissions-nous comprendre ce que c'est
qu'être « jeté dehors » en enfer.

I

Soumission, à un jugement inique.
Le damné assujetti au démon,
à ses volontés,
à son opération,
à sa malice,
à son malheur.

II

Il porte lui-même sa croix.

Le damné porte lui-même son propre supplice :

Sa conscience, ses remords,

sa mauvaise volonté, sa haine, ses blas-
phèmes,

et leur juste réplique sous forme de peines
et de tourments.

III

Le damné tombe sous la malédiction du
Père.

La bénédiction du Père est attirance, séré-
nité, paix.

Elle se retourne, en répulsion, trouble,
chaos moral et matériel.

IV

La malédiction de Marie.

Nous sommes bénis Marialement, Maternellement.

Ils sont maudits de leur Mère, de Marie :
privés du lien Mystique, dont la Bénédiction de Marie est le principe.

V

Les démons et les damnés s'entr'aident, si
l'on ose dire,

à se faire souffrir mutuellement.

Et tel est forcé de concourir à la torture
d'un ami,

d'une compagne,

d'un père.

VI

Le damné se voit soi-même :
ses crimes, ses hontes, ses tourments;

et tout ce qui l'environne lui renvoie sa
  plainte
et reflète sa forme suppliciée.

VII

La malédiction du Fils accable le damné.
La bénédiction du Fils est splendeur de la
  Puissance, de la Beauté, de la Bonté du
  Père.
Elle se retourne en Malice, Inertie, et Hideur.

VIII

La répercussion, en enfer, des scandales de
  ce monde.
L'arrivée des damnés, leurs reproches,
  l'effroyable agglomération des maudits.
Le lien de société se transforme en contacts
  malfaisants et en liens de haine.

IX

Malédiction du Saint-Esprit.

Au lieu de la liberté affranchie de tout mal,

la domination du mal, de la faute, de la
peine.

Et la dégustation du mal, au lieu du goût
de Dieu!

X

Au lieu du vêtement de gloire et d'allégresse promis aux élus

nulle protection contre les flammes, contre
les violences.

Nul secret de la conscience, des péchés
cachés en confession.

XI

Fixité. Clous de feu.

Au lieu que les élus vont par tout l'univers.

Vaut-il pas mieux notre croix de bois,
qui devient une liberté de gloire?

XII

Le trépas, où le moi s'anéantit.
L'instant, éternellement soutenu
du trépas, de l'anéantissement du moi.
Le trépas, qui est pour les élus une pâque,
   où ils passent au Père,
est pour les damnés une impasse :
Ils ne reviendront jamais, ils n'avanceront
   jamais.

XIII

Malédiction de l'Eglise :
des cierges, dans les ténèbres,
de l'eau bénite, dans la soif —
de l'encens mystérieux, dans le dégoût.
Malédiction des enfants, des vierges, des
   prêtres, des martyrs, des saints!

XIV

Malédiction de la Terre,
Qui ne les rendra jamais à la vie glorieuse
et les gardera vivants dans la géhenne!

Malédiction de la Terre,

L'ENFANT JÉSUS

Chemin de la croix du Saint-Enfant Jésus.
Déjà la croix!

I

Condamné par Hérode. Condamné par son
Père.
Il commence quand même, regardant en
face l'avenir.
Épargné par miracle dans le présent.
Dieu veillé sur les « petits », s'ils sont intré-
pides.

II

Il marche vers l'Egypte
par les pas de Marie,
à grand'peine,
et de bon cœur.

III

Chute du ciel en terre, du sein du Père au
creux de la crèche.
Dans l'humilité et la pauvreté,
joie d'enfant.

IV

Marie associée déjà à ses peines.
Ils pleureront quand ce sera l'heure de
pleurer.
Savoir se contenir et s'adapter.
Faire bon visage malgré les peines secrètes.

V

L'aide de saint Joseph,
qui l'élevait pieusement pour le supplice.
Il le savait.
Travaillons; même sans espoir de bon
   succès.

VI

L'aide d'une humble servante,
à ce Dieu Enfant qui ne se suffit pour rien.
Encore maintenant, la gloire de Dieu en ce
   monde a besoin de nous.

VII

Chute des délices aux peines de la crèche.
Peines normales, dans l'état qu'il s'est
   choisi.
On peut se choisir un état, où, sans man-
   quer à aucun devoir,
on souffrira davantage.

VIII

Déjà rebuté, éconduit,
et chassé de Bethléem!
L'exclusive
prononcée contre nous par le monde.

IX

Chute de la liberté du ciel
aux obligations rédemptrices
aux sujétions infantiles.
Acceptons de bon cœur nos dépendances.

X

Dépouillé et réduit aux soins maternels!
Acceptons d'examiner,
d'avouer,
de laver nos fautes
par la pénitence secrète et publique.

XI

Déjà lié par les langes dans l'immobilité.
Que nos résolutions tiennent!
Langes de soie
ou clous de fer.

XII

La crèche est de bois.
Il y étend ses petits bras en croix.
Il s'immole en son cœur,
qui est déjà grand et ouvert.

XIII

Elle se souvient sur le Calvaire qu'elle le
  berçait.
Elle prévoit dans l'étable qu'elle l'enseve-
  lira.
Complexité de son cœur
et liberté de son esprit.

XIV

Il naît dans une grotte, qui semble être un
sépulcre.

Il porte déjà sa désignation pour la mort
victime et hostie sainte.

Avant d'être morts, mortifions-nous

« COLLECTION » DES DAMNÉS

A L'AUTEL

Il se fera une « collection » des damnés,
  comme un fagot de sarments (Jo. XV, 6),
qui se repoussent mutuellement de toute
  la force qui les rapproche.
Jésus nous a rachetés de cette « collection »
  dans la haine
et nous a mérité l'unité dans l'amour.

I

Dans l'ordre naturel, l'autorité unit les
  hommes.
En enfer la domination du démon oppose
  les damnés les uns aux autres.

De même sur la terre, la tyrannie, ou l'anar-
chie, vraiment infernales.

Tandis que l'Autorité, devenue Paternelle
dans le Christ,

est un Mystère d'Amour.

II

Dans l'ordre naturel, la compassion unit les
hommes, par pitié.

Les souffrances des autres en enfer n'ins-
pirent pas de pitié,

mais une joie crucifiante de jalousie.

Oh! la douce pitié de la charité fraternelle!

III

Dans l'ordre naturel, la misère unit les
hommes, qui s'entr'aident les uns les
autres.

Rivalités infernales pour s'exclure mutuellement.

En ce monde, la lutte des classes, les guerres
civiles... montées de l'enfer.

Entre nous, les saintes communications,
connues sous le nom de communion des
Saints.

IV

Les liens de parenté unissent les hommes.

En enfer la proximité est plus blessante,
parce que la division est plus intime

La loi infernale du divorce divise l'unité de
la famille.

tandis que le Divin amour nous a introduits
à la parenté et à l'unité des Personnes
Divines.

V

Les hommes, même les plus opposés de
caractère, s'unissent pour une action
commune.

En enfer, pas d'action : passion pure.
Notre Activité dans le Christ est devenue
 l'Action du Christ,
l'Action de l'Eternel Amour.

VI

La ressemblance, l'amitié unit les hommes.
Les damnés se méconnaissent mutuellement
 se haïssent, se fuient.
Infernales, les dissensions, les brouilles, les
 inimitiés!
Et Jésus nous a laissé l'Unité entre nous
comme entre son Père et Lui.

VII

La lassitude unit les hommes, qui cessent
 de se haïr par fatigue.
On ne dort pas en enfer :
Sur la terre, les hommes se pèsent les uns
 aux autres,

tous, écrasés de paresse.

Jésus a fait, du travail, dans l'unité, de son
   Action,

un geste sacré, une sorte de rite.

VIII

Les intérêts généraux unissent les hommes
   par cités, par nations, par races.

L'enfer est une collection de haines égoïstes.

Infernal, l'individualisme, qui élève homme
   ou peuple « au-dessus de tout ».

Jésus apporte aux hommes la grande **unité**
   de la Chrétienté.

aspect social de l'Unité de l'Eglise.

IX

La faiblesse et la défaillance unissent les
   hommes vaincus par la souffrance.

En enfer, infatigable lutte contre la douleur,
   qui règne sur la révolte.

En ce monde, esclavage domestique ou
économique.
Au lieu que Jésus nous offre la sainte liberté
des enfants de Dieu.

X

La honte assemble les honteux.
En enfer les damnés se trahissent, se pu-
blient, se déshonorent mutuellement.
Horribles pratiques diffamatoires, et vraiment infernales.
Dans l'unité du Christ, nous préférons les
autres à nous-mêmes.

XI

Les hommes s'unissent par l'unité d'un but
commun vers lequel ils tendent.
En enfer commune « aversion » du but,
en fuite éparpillée : « loin de Dieu ».

Ainsi s'en vont en poussière les sociétés qui s'éloignent de Dieu.

Et Jésus nous offre l'unité de la charité si nous mettons partout « Dieu à sa place ».

XII

La mort unit les hommes, qui cessent de haïr celui qui cesse d'être.

Les damnés, mortels, si l'on peut dire, les uns pour les autres, et mourant les uns des autres,

ne peuvent s'empêcher d'être et de haïr.

Homicide, suicide, infanticide, tous attentats à la vie, tous péchés contre la vie, inspirations infernales!

Jésus nous apprend le respect de la vie.

XIII

Entre les hommes l'unité de terme, ou d'arrêt.

L'enfer ne s'arrête pas. Les damnés vont,
  vont, ou plutôt s'en vont :
non une poursuite, mais une fuite, sans but,
  et sans terme.
Tels les pauvres mondains!
Oh! Le doux repos de la contemplation!

XIV

Entre les hommes, unité de la poussière
  commune.
Pour les damnés la division par le feu.
Tant de divisions naissent entres les hommes
  de la substance commune qu'ils mangent
  ou qu'ils boivent!
Nous avons la table commune du Christ.

LE DIVIN AMOUR

A L'AUTEL

L'amour a fait porter à Jésus sa croix,
et nous fera porter les nôtres.

I

Dans cette iniquité,
qui déplaît extrêmement à Dieu,
se cache en Jésus une action d'amour,
qui ravit le Père, les Anges et les hommes.
Ainsi, dans nos peines,
Si nous voulons.

II

L'instrument lui vient entre les bras.

Les moyens d'immolation ne manquent
pas à notre amour.

Sachons les reconnaître, et en user.

III

Dans son œuvre d'amour, il tombe de
fatigue.

A sa suite, et pour son amour, on peut tomber aussi de misère, de faim,

par l'effet de la pauvreté ou du jeûne.

Mais on sera rassasié d'amour.

IV

Elle ne dit pas non, ayant reconnu la
Sainte Action de l'Amour.

Elle l'accomplit avec lui, même selon ce
rite terrible,

mais seul rite profitable à nous pauvres
    pécheurs
et seul adapté à notre condition présente.
Ici-bas, pas de Divin Amour sans la croix.

V

Jésus et Marie nous ont donné l'exemple
    d'un rite dont ils n'avaient pas besoin.
A nous de prendre ce qui est pour nous : le
    rite douloureux de l'Action d'Amour.
Et des milliers de pénitents ont glorifié
    Dieu en portant cette croix.
La pénitence est un succès de l'Amour.

VI

Combien il a été aimé,
et plus aimé
parce qu'il avait souffert!
La Passion, peut-on dire, a réussi.

VII

Des malheureux tombent de honte, par
    exemple à confesse.
Jésus trahi, déshonoré,
transforme leur honte en expiation,
en sacrifice d'amour.

VIII

La nation, si coupable, si souvent punie
est réservée pour le renouvellement des
    peuples avant la fin du monde,
par une miséricorde d'amour
plus grande que ses fautes et ses châtiments.

IX

On tombe aussi de peur.
Si de grands maux nous menacent,

faisons l'acte de foi à l'amour,
qui trouvera toujours des compensations
proportionnées à nos dommages.

X

Que pouvez-vous gagner ici, Seigneur? —
Le Mystère de mon Corps Eucharistique,
dans un signe visible
et de l'Eglise visible.
— Encore cette fois vous avez réussi,
à faire aimer le Père et les frères.

XI

Le seul rite à nous possible est le rite dou-
   loureux.
Il nous fallait un entraîneur.
Les martyrs, les torturés de toute sorte
n'ont eu qu'à regarder Jésus crucifié.

XII

Acte Suprême du rite sanglant,

d'où provient la destruction du péché, au
baptême, à confesse,

d'où provient l'utilité de notre mort, le
succès de notre trépas.

Victoire suprême de l'amour.

XIII

« Siège de la Sagesse », laquelle repose sur
vos genoux!

Toute notre Sagesse est de goûter Jésus
crucifié.

Tant cette Passion est l'introductrice au
Divin Amour.

XIV

Et, de cet ensevelissement résultera le

renouvellement de la terre pour l'éternité.

Autrement elle serait restée de feu ou de
glace, éternellement morte.

Et la voilà éternellement associée, et, par
elle, nos corps, à l'Action d'Amour!

LE JEUNE

A L'AUTEL

L'Eglise fait son chemin de la croix par la
pratique du jeûne.

I

L'homme devenu pécheur par un excès de
    bouche,
est condamné à « mourir de faim » :
car, par le jeûne,
on fait l'expérience de la mort.

II

Comme les quatre morceaux de la croix,
une décuple pénitence, par rapport aux
 dix commandements,
quatre fois répétée,
constitue le Carême.

III

« Mes genoux ont fléchi sous le jeûne »
 (Ps. CVIII, 24).
Jésus était à jeun; il dira qu'il avait soif.
Le jeûne fatigue. « Le jeûneur porte ses
 membres » (*Hymn. Confes.*) au lieu d'être
 porté par eux.

IV

O Marie, accompagnez-nous dans le jeûne!
Vous jeûniez « une fois l'Epoux ôté de ce
 monde ».

Vous nous donnez l'exemple; donnez-nous
la force.
de monter au Calvaire par le jeûne.

V

Par étapes,
avec intervalles de repos relatif,
le jeûne est plus senti,
et peut se pousser plus loin.

VI

Pas d' « extermination hypocrite de notre
face ».
Mais cependant les cendres sur notre front
et « la noirceur des chaudrons »   (Jér.).
sur notre face
desséchée et défaite par le jeûne
La Sainte Face était défigurée.

VII

Du jeûne résulte l'impuissance à certaines
œuvres extérieures : on gagne moins
d'argent, on produit moins, on aide
moins.

L'Eglise le sait, le veut, elle y trouve son
profit.

« Il y a temps pour tout ».

On ne peut être toujours au plus haut
point d'activité dans tous les genres
d'activité.

VIII

Au jeûne, la prophétie,
l'illumination, refusée aux ventres repus.
« L'homme animal ne saisit pas les choses
de Dieu ».

IX

Par le jeûne, défaillance de la mémoire et
de l'imagination, du raisonnement, des
idées;
et libération des activités dont se servent
les dons du Saint-Esprit.

X

Par le jeûne le calme de l'innocence
« Ce genre de démons ne cède qu'à la prière
et au jeûne ».
On retrouve quelques vestiges de la paix
originelle,
qui n'avait pas à rougir.

XI

Mortes de faim la bouffonnerie et les courses
à la prétentaine!

On reste cloué à sa tâche,
Le monde ne danserait pas comme il danse,
  s'il ne mangeait pas comme il mange.

XII

Effacement du moi, comme à la mort,
quand le jeûne est poussé très loin :
on y fait l'expérience de mourir.
D'où la vertu toujours mortifiante du
  jeûne,
sacramental de la mort dans le Christ,
dont le baptême est le sacrement.

XIII

« *Attendite et videte!* Arrêtez et voyez! »
  L'Eglise montre aux pécheurs
l'état pitoyable
de ses jeûneurs.
O pécheurs par pitié pour eux, ayez pitié de
  vous!

XIV

Le jeûne ensevelit dans la solitude ou séparation du monde :
seul,
il la rend effective
et tolérable.

LES SAINTS

A L'AUTEL

Tous les Saints sont allés à la Sainteté par
le chemin de la Croix : à commencer par
la Reine de tous les Saints. Je ne ferai
pas exception.

I

Par quelles angoisses il en est venu là
Tant d'angoisses, pour en arriver là
La vraie Sainteté peut bien faire peur à
notre lâcheté.

II

La croix est l'instrument de la sanctifica-
tion.

Acceptons d'avance un programme de
crucifixion

inéluctable

et que nous ne connaissons pas.

III

La première peur où se buttent un grand
nombre est : de perdre la santé.

Il ne faudrait pourtant pas se laisser arrê-
ter par la peur de perdre la vie.

Sainte Thérèse enseigne expressément, qu'à
ce compte on n'arrivera jamais à rien.

IV

Offrons nous même aux angoisses morales,
aux déchirements du cœur.

Souffrirons-nous jamais autant qu'eux?
Et c'est nous qui nous plaignons!

V

Que faisons-nous, ou avons-nous fait,
ou ferons-nous d'héroïque pour Jésus-
   Christ?
Pas pour nous désennuyer, ou par plaisir.
Sans héroïsme, pas de sainteté.

VI

Et de quelle passion sommes-nous animés
   au service de Jésus-Christ?
Pas de sainteté sans audace;
ni d'audace sans espoir;
ni d'espoir sans amour.

VII

Deuxième peur : de déplaire à quelques-
   uns

Vaut-il donc mieux déplaire à Dieu?
Pas de scandale; ni, pas de respect humain.

VIII

Que faisons-nous d'héroïque pour les autres,
pour la patrie?
Ou si nous n'aimons que nous?

IX

Troisième peur : de soi-même.
Par peur de se reconnaître incapable ou
    vicieux,
on fait toujours la même chose, qu'on sait
    déjà faire, qui réussit, qui flatte, et qui
    abuse.

X

Faites-moi voir, Seigneur, ce qui me
    manque!

Et faites-le voir à celui qui me conduit !
Tant de dépit que j'en doive peut-être res-
sentir.

XI

Et quand j'aurai vu,
je dirai oui,
écorché vif,
et cloué vif.

XII

A la mort tout se décide,
comme si tout alors commençait.
A cette heure de votre miséricorde, Seigneur !
Souvenez-vous de ma prière d'aujourd'hui
qui est mon seul moyen de vous toucher à
cet instant ultime.

XIII

Si nous sommes morts,
laissons-nous ballotter, ou rouler,
  ou bercer
sans résistance
dans une sainte indifférence.

XIV

Le tombeau des Saints produit des miracles.
Si nous sommes morts, et ensevelis tout
  vifs,
où sont les effets de notre sainteté?

JÉSUS HAÏ

A L'AUTEL

Jésus-Christ a été haï. Lui, si bon!
Est-ce que nous serions difficiles à aimer,
    âpres de caractère?

I

On ne pouvait le supporter. *Tolle! Tolle!*
Si l'on nous fait sentir, que nous sommes
    de trop quelque part,
Souvenons-nous de lui.
Mais si c'était vrai, que nous fussions
    importuns?

II

Ne sommes-nous pas une croix pour notre
    prochain?
Jésus a tant fait pour plaire
et pour être aimé!

III

D'aucuns peut-être se sont rendus malades,
    tués à notre service.
Oh! La « misère imméritée » De tant de
    salariés qui peinent pour les autres!
Et qui n'ont pas le courage héroïque de
s'épuiser par dévouement!

IV

Nos mères furent nos premières victimes.
Les avons-nous fait assez souffrir!
Et peut-être nous ont-elles quittés trop tôt
    pour que nous les aimions!

V

Intention cruelle d'aider Jésus de peur
qu'il ne meure en route!
Cruauté de l'hypocrisie dans l'amitié.
Aurions-nous ainsi trahi quelque ami?

VI

Quelle idée donnons-nous des autres, dans
nos rapports, démarches, attitudes?
C'est si facile de les défigurer!
Et, dans un certain monde, si habituel!

VII

Nous avons peut-être déshonoré le prochain.
Oui, lui avons-nous fait perdre sa réputa-
tion, son honneur, son bonheur?
L'avons-nous fait tomber dans le découra-
gement, dans le désespoir?

VIII

Oh! les consolations maladroites de notre
  égoïsme!
Qui dit tout ce qu'il pense :
pour se soulager, non pour soulager les
  autres;
et qui fait souffrir davantage!

IX

Si nous avons fait tomber les autres dans
  le péché?
Ou ne les avons pas retenus quand nous le
  pouvions et le devions?
Tel et Tel... pèchent-ils moins? N'est-ce
  pas ma faute?

X

Après des coups de couteau, l'amitié
peut se renouer.

Pas après des secrets trahis,
des hontes révélées.

XI

Si nous sommes si méchants,
Soyons alors cruels contre nous-mêmes,
nous donnant à la croix
sans anesthésie.

XII

Et victimes de la haine,
non bourreaux de haine
nous obtiendrons au monde une effusion
d'amour.

XIII

Accomplissons-nous exactement nos devoirs
dans les deuils,
d'une compassion sincère?

Et envers les morts,
si vite oubliés!

XIV

Jésus dans un sépulcre neuf, comme si
personne ne voulait reposer près de Lui!
On fuit jusqu'à sa poussière! Et il est incorruptible!
Poussière, nous, et balayure du monde!
Semés à tous les coins du monde pour l'en-
ger du Divin Amour.

VOIES MYSTIQUES

A L'AUTEL

A l'exemple d'un si grand nombre de Saints.
s'offrir,
en la vertu de Marie,
aux épreuves de la voie mystique.

I

Perspective terrible comme la mort
dans les tourments.
On ne peut s'y introduire.
On pourrait, d'ordinaire s'en exclure :
en refusant de vous aimer, ô Jésus!

II

L'expropriation mystique du moi,
en détail, et douloureuse
de tout ce qu'il possède : actions, facultés,
　　substance même.

III

Première expropriation : des sens par la
　　maladie et d'autres afflictions
même des vexations diaboliques
avec accompagnement d'une grâce pro-
　　portionnée
même dans les sens qui deviennent spiri-
　　tuels et infatigables.

IV

Marie devenue un sujet de douleur pour
　　Jésus !

Ainsi les proches deviennent souvent un
  obstacle.
On ne les en aime pas moins.

V

On est à charge aux autres
ou du moins on le pense
et l'on souffre de tout l'amour qu'on a pour
  eux.

VI

On est défiguré par la calomnie
qui trouve créance
et l'on est persécuté par les gens de bien,
  qui s'abusent.

VII

Les ténèbres du raisonnement aveuglé :
d'où procèdent des doutes, involontaires,
  contre la foi,

qui font souffrir de tout ce qu'on a
de foi.

VIII

Néanmoins on ne manque à aucun devoir
privé, ni public.
A tel point que, d'ordinaire, l'entourage
immédiat ne se doute pas de ce qu'on
souffre.

IX

Les mouvements de blasphème et de haine
de Dieu :
parce que Dieu, tel qu'on le concevait et
qu'on avait l'habitude de l'aimer s'efface;
et que le vieil homme avec sa prudence de
chair vivent encore.
On souffre de tout ce qu'on a de charité.

X

Une extrême nécessité de consulter se
complique d'une extrême difficulté de
s'ouvrir, et de se faire comprendre èt
de méprises fréquentes du confesseur.

XI

Impossibilité des mouvements naturels, des
sentiments naturels, même honnêtes.
Sans scrupule. On sait très bien qu'on n'y
pécherait pas.
Mais de Divin, on deviendrait humain :
par une chute combien profonde !

XII

Et l'on endure ces tourments multiples,
jusqu'à la mort mystique :
le cœur blessé, telle sainte Thérèse,
tel saint François.

VINGT-CINQ CHEMINS DE CROIX   9

XIII

Alors on ne sent plus.
Tel un mort.
O Marie, présentez les oblats mystiques,
devenus les victimes.

XIV

Une fois atteint le point de mort,
selon la grâce
et la coopération,
on devient puissant en œuvres et en paroles,
Ayez pitié, Seigneur, de ceux qui marchent
    dans cette voie si périlleuse, si doulou-
    reuse et si fructueuse!

MARIE IMMACULÉE

Par l'opposition aux péchés et aux châtiments du péché, puissions-nous comprendre et vénérer les privilèges de
Marie Immaculée!

I

Jugements faux et injustes.

En Marie parfaite vérité, sans erreur, sans
déception, sans ignorance.

En Marie incorruptible bonté, sans malice,
sans maladresse.

II

Croix de toutes les douleurs,
introduites par le péché.
Le Cœur de Marie, quoique percé d'un
glaive de douleur,
est un paradis.

III

Il tombe sur les mains, à cause de nos
œuvres de boue.
Les mains de Marie toujours pures et toujours actives.

IV

O Marie nous vous rencontrons dans le chemin de la croix,
soyez notre inspiratrice
dans le chemin de la vie!

V

Les faiblesses et les infirmités de l'humaine
  nature.
En Marie la Toute Puissance communiquée,
sans obstacle qui la limite,
exercée selon l'utilité.

VI

Les déformations et difformités, physiques,
  psychiques, morales...
Marie est toute belle :
elle est toute perfection et toute splendeur,
même dans sa belle douleur.

VII

Il tombe sur les genoux, qui est la position
  des pénitents.
Nous avons tant à faire pénitence!

Pas Marie,
qui est libre de tout péché présent, passé
ou futur.

VIII

Jérusalem! toute cité, toute nation, toute
famille,
« divisée contre elle-même »!
Marie, Jérusalem céleste.
Cité Mystique.

IX

Il tombe prosterné, qui est la position des
pécheurs dans l'état du péché,
qui ne peuvent se relever seuls.
Marie fut toujours « debout ».
Comme le prêtre à l'autel, comme le Christ
en croix.

X

Tant d'hommes revêtus d'iniquité, de malédiction, d'ignominie!

Marie, dans l'Apocalypse, est revêtue du
soleil!

A Lourdes sa tunique semble de neige.

XI

Nous ne pouvions pas n'être pas mauvais :
c'était notre esclavage.

Nous pouvons être bons : c'est notre liberté.

Nous pouvons cesser de l'être : elle n'est pas
parfaite.

Libres à condition d'être cloués.

Marie, parfaitement libre, jamais ne put
n'être pas ou n'être plus bonne.

XII

Nous devons mourir,

parce que nous restons pécheurs tant que
nous restons vivants.
Marie ne devait rien à la mort.

XIII

Larmes des funérailles!
absentes au trépas de Marie.

XIV

Notre renouvellement attendu jusqu'au
renouvellement de la poussière commune.
Marie, déjà et toujours Nouvelle,
monte au ciel.

« SI JE N'ÉTAIS PAS VENU »...

« Si je n'étais pas venu, et que je ne leur
eusse point parlé, ils seraient sans péché;
mais maintenant leur péché est sans
excuse. » (Jo. XV, 22).
Puisse votre venue n'être pas pour nous un
sujet de scandale!

I

« Si je n'étais pas venu »,
me faire juger et condamner et exécuter,
mais que j'eusse conquis le monde comme
Mahomet...

Ne permettez pas, Seigneur, que votre
    humilité
nous soit un sujet de scandale!

II

« Si je n'étais pas venu »,
pour qu'on me crucifie,
mais que j'eusse vécu dans les délices,
et que, j'eusse mis l'onction sur mes doigts
au lieu que je l'ai mise sur la croix...
Ne permettez pas, Seigneur que votre
    croix nous soit un sujet de scandale!

III

« Si je n'étais pas venu »
et ne fusse tombé dans le sein d'une pau-
    vresse
et dans le creux d'une pauvre crèche
et n'eusse monté nu-pieds
me faire dépouiller...

Ne permettez pas, Seigneur, que votre pau-
    vreté
nous soit un sujet de scandale!

IV

« Si je n'étais pas venu »
et n'eusse point eu une naissance humaine,
mais que je fusse tombé du ciel
sans qu'on me vît naître, pleurer, grandir...
Marie!
nous serait-elle un sujet de scandale!

V

« Si je n'étais pas venu »
distribuer non des croix
de tout mon cœur
mais des fleurs...
Ne permettez pas, Seigneur, que notre
    choix
nous soit un sujet de scandale!

VI

« Si je n'étais pas venu »
prêcher la pitié
mais que j'eusse aboli de la terre
hontes, hideurs, souffrances, pauvreté,
au lieu de prêcher la pitié pour les frères...
Ne permettez pas, Seigneur, que votre
   charité
nous soit un sujet de scandale!

VII

« Si je n'étais pas venu »
et que je n'eusse pas choisi
une terre asservie,
une race honnie,
et que mon Royaume eût été établi sur la
   politique
et l'économique...

Ne permettez pas, Seigneur que votre
  Eglise
nous soit un sujet de scandale!

VIII

« Si je n'étais pas venu »
et que je n'eusse pas prêché la pénitence,
dénoncé le péché,
menacé les pécheurs,
annoncé les justices...
Ne permettez pas, Seigneur, que votre
  parole
nous soit un sujet de scandale!

IX

« Si je n'étais pas venu »
et n'eusse point paru ignorer toute science
toute habileté,
ni choisi des ignorants...

Ne permettez pas, Seigneur, que votre
Vérité
nous soit un sujet de scandale.

X

« Si je n'étais pas venu »
et ne me fusse pas enveloppé des voiles
eucharistiques
si déconcertants...
et tant chéris !
Ne permettez pas, Seigneur, que votre
Sacrement
nous soit un sujet de scandale !

XI

« Si je n'étais pas venu »
épouser la souffrance,
mais qu'une fois attaché à la croix, je m'en
fusse détaché,
comme on m'en défiait...

Ne permettez pas, Seigneur, que votre
  patience
nous soit un sujet de scandale!

XII

« Si je n'étais pas venu »
pour mourir,
et pour apprendre à mourir,
et promettre la vie à la mort...
Et que nous n'eussions pas eu la consolation de mourir avec vous?
et peut-être pour vous?
Ne permettez pas, Seigneur, que votre
  mort
nous soit un sujet de scandale!

XIII

« Si je n'étais pas venu »
faire pleurer ma mère,
et n'eusse point dit : « heureux ceux qui
  pleurent »

dans la « vallée des larmes »...
Comme si, déjà, nous n'aimions pas trop
    les choses périssables!
Ne permettez pas, Seigneur, que votre
    Sagesse
nous soit un sujet de scandale!

XIV

« Si je n'étais pas venu »
visiter les enfers,
et que je n'eusse point été enseveli comme
    un autre,
ou ne fusse point plus ressuscité que les
    autres,
ou n'eusse point fait attendre la résurrec-
    tion aux autres...
Ne permettez pas, Seigneur, que vos pro-
    messes
nous soient un sujet de scandale!

CEUX QUI S'ABUSENT

A L'AUTEL

Au spectacle des Juifs, qui s'abusent,
puissions-nous être désabusés!
Car ils sont « inexcusables ».

I

Ils s'abusent au point de réclamer sa mort
de braver la malédiction de son sang.
Tant ils se croient sûrs d'eux-mêmes!
Fions-nous à notre assurance!

II

Ils ne reconnaissent pas le nouvel Isaac, le
nouvel Agneau.

Avertis cependant par leurs prophètes,
qu'ils ont oubliés!
Excusons-nous sur nos oublis!

III

La loi de Moïse défendait de surcharger les
    bêtes de somme,
de torturer inutilement les condamnés.
Mais la passion ne raisonne pas.
Excusons-nous sur nos passions!

IV

S'abuser même par rapport à Marie!
C'était leur cas;
et ç'a été celui de tous les hérétiques.
Fions-nous à notre bon cœur!

V

Nous sommes stricts à exiger notre dû;

et nous pensons que les autres doivent se
    débrouiller tout seuls.
En justice, Simon le Cyrénéen n'était pas
    tenu de porter la croix.
Fions-nous à notre justice!

VI

Nous sommes dévoués à des pauvres hon-
    nêtes,
à des malades doux,
à des pécheurs repentants,
à des disciples dociles.
Fions-nous à notre pitié et à nos œuvres!

VII

Au moins, Seigneur, que l'expérience
de nos illusions dans le passé
nous instruise pour l'avenir!
Fions-nous à notre expérience!

VIII

Et nous voyons tout un pays, presque toute
   l'Europe, presque tout l'univers chercher l'ordre de la paix et le bonheur
en se passant de Dieu!
Economistes, politiques, agronomes, phy-
   siciens, juristes... s'abusent!
Fions-nous à notre esprit!

IX

Vous aviez prédit que vous étiez le grain
   de froment et que vous deviez « tomber »,
   non être semé :
par mégarde, non par industrie.
Si l'on avait voulu vous faire réussir, on
   vous eût fait roi,
et l'on se fût perdu.
Fions-nous à notre sagacité!..

X

Et si l'on nous trouve durs, fiers, paresseux,
    intéressés, gourmands, curieux, maus-
    sades,
quoique bien à tort, il nous semble,
nous déshonorons tout de même Jésus-
    Christ.
Fions-nous à notre jugement!

XI

Dites aussi pour nous : ils ne savent pas ce
    qu'ils font.
Plaidez nos excuses partielles, car nous ne
    savons pas tout le mal qui est en nous.
Eclairez notre conscience; car nous ne vou-
    lons pas vous crucifier.

XII

On le crucifie par le péché mortel.

Certaines gens pèchent mortellement sans
  s'en apercevoir.
Et nous ne savons que par vraisemblance
  si nous sommes en état de grâce.
Fions-nous à notre conscience!

XIII

O Marie ouvrez nos yeux sur le monde,
et sur nous-mêmes;
et nous verrons des défaillances tragiques.
Et sur vous-même,
ô notre espoir!

XIV

Et dans nos ténèbres,
et notre corruption,
nous aurons confiance en Dieu seul.

DE LA PRIÈRE

Entendons la Vierge de Pontmain nous
  dire :
« Mais priez, mes enfants, mon Fils se laisse
toucher ». Apprenons à prier.

I

Présentons-nous disposés à sacrifier éventuellement tout.
Nous craignons d'être trop exaucés,
et, pour que le Bon Dieu nous en demande
  moins,
nous prions mal.

II

Il disait d'abord de sa croix : qu'elle
   s'éloigne!
Et maintenant, il l'embrasse.
Dans l'intervalle, il avait prié.

III

Le monde est déchu de son équilibre politique
parce qu'il est déchu de son équilibre liturgique,
qui fit la chrétienté,
par la prière.

IV

L'Eglise de la prière liturgique,
c'est, en un sens, Marie.
Mettons en valeur Marie,

qui nous dit de prier,
afin de pouvoir prier encore plus pour nous.

V

Fallût-il sacrifier certaines œuvres,
accordons-nous les soulagements néces-
  saires
pour avoir le temps,
et la force,
de prier.

VI

La conformité à Jésus souffrant
nous transforme
en prières vivantes.

VII

La prière publique a tant décliné!
La prière chantée,

La prière chantée la nuit,
et à toutes les heures du jour.
O mon Dieu! Donnez-nous des Moines et
des Moniales, nombreux, fervents!

VIII

La prière officielle de l'Etat a disparu
des assemblées législatives,
des tribunaux,
des armées,
des écoles...
O mon Dieu, collectivités ou individus,
ceux qui prient se sauvent, ceux qui ne
prient pas se perdent.

IX

Tombée la synthèse religieuse des sciences!
toutes ordonnées à la théologie,
ordonnée elle-même selon la charité, en
prière!

X

Nous avons l'autel,
l'Eucharistie, la Messe, le Corps du Christ.
son sacrifice, sa prière,
Et nous n'en usons pas!

XI

Si nous en voulons à quelqu'un, au lieu de
 pardonner, car ils ne savent ce qu'ils font,
ou parce que nous en voulons à quelqu'un,
nous ne prions pas,
ou Dieu ne nous exauce pas.

XII

Toute prière répercute le sacrifice du Christ.
Que tous nos sacrifices
soient des prières!
Et surtout notre mort!

XIII

Recommandons-nous des reliques des
  Saints,
A notre autel, de notre saint Patron,
en priant dans l'église,
et surtout aux prières publiques.

XIV

Notre poussière mêlée à la poussière commune de notre paroisse
augmentera la valeur de toutes les prières
  de la paroisse,
ou la diminuera.
La prière est mieux exaucée dans le Coly-
  sée que dans le champ de Judas.

DE SAINT PAUL

A L'AUTEL

« Je lui montrerai, dit le Seigneur à Ananie
au sujet de saint Paul, combien il lui
faudra souffrir pour mon nom. »

I

Aussitôt converti, il s'offre sans réserve
du tout : « que voulez-vous que je
fasse? »
Si nous nous convertissons à demi,
nous n'en verrons jamais la fin!

II

Sa croix fut l'Apostolat :
« au dehors, des combats, dit-il,
au dedans des craintes;
mais celui qui console les humbles nous a
    consolé. »

III

Terrassé sur le chemin de Damas
Faites-nous, Seigneur, une grâce brisante!
Dans quel chemin allons-nous?

IV

Sa rencontre avec Marie, après le martyre
    de saint Etienne et de plusieurs autres,
fut presque aussi tragique que l'eût été
celle de Judas.

Du cœur de Marie lui était venue la grâce
  de la conversion,
et lui vient maintenant l'illumination.

V

Il eut des amis
qu'il mît à toute épreuve.
L'un d'eux, Marc, se rebuta,
tant sa croix pesait lourd!

VI

Il pouvait bien dire aux nouveaux con-
  vertis : « Soyez mes imitateurs, comme je
  le suis du Christ ».
Il se reproduisait en eux
Il s'est peint aussi dans ses Epîtres.
Les avons-nous jamais lues?

VII

Jeté à bas, tant « l'écharde dans sa chair »
    le blessait.
« A son sujet trois fois j'ai prié le Seigneur
    de l'écarter de moi,
« et il m'a dit : ta grâce me suffit,
« car c'est dans la faiblesse que ma puis-
    sance se montre tout entière. »

VIII

Il disait : « j'éprouve une grande tristesse
    et j'ai au cœur une douleur incessante.
« Car je souhaiterais d'être moi-même ana-
    thème, loin du Christ,
« pour mes frères, mes parents selon la
    chair, qui sont Israélites. »

IX

Ses projets renversés : il se cache en Arabie.
il s'enfuit à Tarse de Cilicie,
il est retenu en prison...
« Et, sans parler de tant d'autres choses,
rappellerai-je mes soucis de chaque jour,
la sollicitude de toutes les Eglises? Qui
est faible, que je ne sois faible aussi? Qui
vient à tomber, sans qu'un feu me dé-
vore? »

X

« Faut-il se glorifier?...
Je préfère bien volontiers me glorifier de
mes faiblesses.
Je me plais dans les faiblesses, dans les
opprobres, dans les nécessités, dans les
persécutions, dans les détresses pour le
Christ. »

XI

« Qui nous séparera de l'amour du Christ?
Sera-ce la tribulation, ou l'angoisse, ou la
    persécution ou la faim, ou la nudité, ou le
    péril, ou l'épée?
Dans toutes ces épreuves nous sommes plus
    que vainqueurs, par celui qui nous a
    aimés! »

XII

« Le Christ sera glorifié dans mon corps,
    soit par ma vie, soit par ma mort;
car le Christ est ma vie, et la mort m'est un
    gain.
Cependant si en vivant plus longtemps
    dans la chair, je dois tirer du fruit, je ne
    sais que choisir.
Je suis pressé de deux côtés : j'ai le désir de

partir et d'être avec le Christ, ce qui est
de beaucoup le meilleur;
mais il est plus nécessaire que je demeure
dans la chair à cause de vous. »

XIII

De cet homme admirable
il nous reste ses Epîtres.
Convertissons-nous au moins à les lire.

XIV

Elles sont le ferment de toute la doctrine
  spirituelle,
avec les écrits de saint Jean,
Pour notre rénovation intérieure selon
  l'Homme Nouveau.

NOTRE DAME DE LOURDES

A Lourdes, on fait le chemin de la croix
sur la montagne, sous le soleil, sous la
pluie.
Animons-nous d'un saint courage.

I

Notre Dame vient à Lourdes assister la
pauvre humanité,
condamnée,
aux souffrances, à la maladie, à la mort.

II

La croix des pèlerins
et des pèlerinages, qui coûtent :
ne serait-ce que de l'argent. Il faut se
  restreindre sur d'autres chapitres pour
  aller à Lourdes.

III

Les pauvres malades sur leurs grabats.
Levez-vous et marchez!
Premiers miracles de Lourdes : guérison
  des corps.

IV

Marie attendit Jésus sous la porte
Elle est venue la première à Lourdes. Jésus
  Hostie l'y a rejointe.
Il y opère lui-même une foule de miracles.

V

Prions pour les brancardiers,

et les hommes d'œuvres en général,

et les hommes politiques.

VI

Prions pour les infirmières,

et toutes les personnes qui soignent les malades,

afin qu'au dévouement elles ajoutent l'esprit de foi.

VII

Deuxièmes miracles de Lourdes : la conversion d'innombrables pécheurs,

qui voient la vérité, et la conversion possible, nécessaire, facile,

et que la divine grâce jette aux pieds du confesseur.

VIII

La Vierge de Lourdes aussi disait : Pénitence!

Et faisait pratiquer la pénitence, même cor-
porelle.

En comprenons-nous, et admettons-nous la
nécessité?

IX

Troisièmes miracles de Lourdes : prostra-
tion des âmes promises aux grâces supé-
rieures,

grâces tant de fois refusées! Et l'on se
traîne dans la médiocrité,

Sans atteindre la crucifixion, qui est notre
exaltation rayonnante.

X

Étalage à Lourdes de toutes les misères
et de tous les remords.

Prions pour les confesseurs et pour les
médecins.

XI

Prions pour les malheureux torturés par
les chirurgiens,
pour les malades-pèlerins, qui souffrent
tant pendant le voyage,
et quelquefois du coup de grâce qui les
guérit.

XII

Admirable et fréquente oblation mutuelle
entre les malades
de leur vie pour la vie pour la conversion
d'autrui.
Depuis le Christ, la vie coûte la mort.

XIII

O Notre Dame! nous vous confions tel

malheureux que nous connaissons bien,
mourant de corps,
ou d'âme.

XIV

A ceux qui reviennent non guéris,
sans autre espoir qu'au-delà de la tombe,
accordez résignation et sainte joie!

DU CARNAVAL

A L'AUTEL

En ces jours, Dieu est tant offensé!

I

La populace crie : Tolle! Tolle!
Ou rejette bruyamment ces jours-ci la loi
   de Jésus-Christ.

II

La Sainte Hostie des XL Heures
répercute tous les affronts de ces **jours : et**
   devient, en un certain sens, une croix.

Dans l'hostie, où pourtant il ne souffre pas,
tant de fois il s'est fait voir crucifié!

III

Premier jour du Carnaval et premier dé-
    sordre : la gourmandise.
Jésus est à jeun
Il se plaindra d'avoir soif.

IV

Marie reconnaît Jésus méconnaissable.
L'Eglise reconnaît, sous leurs déguisements,
    ses enfants
profanés.

V

Faisons de la propagande pour les
    XL Heures.
Beaucoup attendent qu'on les force,

trop faibles pour s'affranchir du respect humain.

VI

Excitons-nous à la dévotion pendant les XL Heures.

Présentons notre âme comme un voile, au rayonnement eucharistique de la Sainte Face.

Oh! si nous pouvions emporter ses traits dans nos mœurs!

VII

Deuxième jour du Carnaval. Deuxième désordre. Incontinence.

Jésus Vierge, et sa Mère Vierge, et un groupe de vierges.

Et Madeleine, redevenue chaste.

VIII

Carnavals de la Sainte Ecriture : au temps
  de Noë,
de Sodome,
de Balthazar,
de la fin du monde :
Tous finissent épouvantablement.

IX

Troisième jour. Troisième désordre :
L'impiété.
Caractère irreligieux de ces réjouissances
  jadis chrétiennes,
et souvent, aujourd'hui, profanatrices.

X

Tant de travestissements sacrilèges!
On simule les processions

on brûle en mannequins, prêtres, évêques,
  Pape...

XI

« Qu'il descende » disait-on!
Et nous voyons les masques maîtres de la
  rue,
où les processions sont interdites!

XII

On joue de la mort;
On joue de la croix;
On joue de la messe.
Impunément!

XIII

La débauche fait mourir les individus,
les familles,
les nations

qui font le carnaval et ne font pas le
carême.

XIV

Après la crise d'irreligion, à la fin du
xviiie siècle,
aujourd'hui la crise d'areligion.
Après avoir persécuté le Christ, la Société
est sans Christ! Elle l'a enfoui.
Ayez pitié, Seigneur, ayez pitié!

DE LA SAINTE ÉCRITURE

Chemin de la croix du Verbe écrit.« Mes yeux ont versé des torrents de larmes, parce qu'on n'a pas gardé votre loi ». Votre loi, selon saint Ambroise, c'est la Sainte Ecriture.

I

« Qu'est-ce que la Vérité? » Le scepticisme de Pilate a tué Jésus.

Si l'on aime la Vérité, on aime la Sainte-Ecriture.

Mais « la bouche pleine d'erreurs tue »,

et condamne au supplice le Verbe écrit, après le Verbe Incarné.

II

Parce qu'il faut lire d'une intention pieuse
y chercher Jésus,
y chercher sa croix,
ne pas se scandaliser d'y rencontrer la
croix.

III

La Sainte Ecriture tombe aux mains des
hérétiques,
qui en faussent les maximes
et la retournent contre la Vérité.

IV

Parce qu'ils ne lisent pas comme l'Eglise
Mère de la Sagesse
et seule capable d'interpréter sans erreur

la Sainte Ecriture
imprudemment jetée entre toutes les
mains.

V

Accord de l'Ecriture Sainte et de la philo-
sophie,
en théologie spéculative,
selon la méthode de saint Thomas :
qui revient en faveur, enfin!

VI

Accord de l'Ecriture Sainte, et, spéciale-
ment, de la psychologie
en théologie affective, ou ascétique et mystique :
Si longtemps défigurée, diminuée, et rete-
nue captive.

VII

Elle tombe aux mains des « philosophes »,
  de Voltaire et ses adeptes, incrédules et
  moqueurs.
qui la chargent de ridicule :
et l'on s'en écarte par fierté intellectuelle
  comme de contes enfantins.

VIII

Et cependant elle parle :
« Ceux qui me haïssent, aiment la mort... »
« Ceux qui la trouvent, trouvent la vie. »
« Je lui ai prêté l'oreille un peu de temps et
  je l'ai recueillie. »

IX

Elle tombe des mains des fidèles, qui ne
  célèbrent plus l'Office

qui ne lisent plus les Prophètes,

dont la piété se nourrit de bruit, non de la
Parole.

X

La critique rationaliste la scrute insolem-
ment,

après l'avoir dépouillée de tout caractère
sacré

et lui reproche d'être faible, après l'avoir
blessée.

XI

Il faut nous crucifier aux textes sacrés,
en faisant effort pour lire,

pour comprendre,

pour retenir,

pour mettre en pratique.

XII

« Nous endormant, selon le mot de saint Jé-
  rôme, le front sur la page Sainte »
mourant en murmurant ses puissantes syl-
  labes
à l'exemple de Jésus, mort en récitant les
  Psaumes.

XIII

Recevons les Saints livres, victimes de tant
  d'injures
comme Marie a reçu le corps de Jésus.
Avons-nous chez nous la Sainte Ecriture?
De quels honneurs l'entourons-nous?
Ce n'est pas seulement, dans l'Hostie, le
  Verbe Incarné, qui mérite un culte; mais
  aussi, dans la Bible, le Verbe Ecrit.

XIV

Dans nos cœurs embaumons le Christ
en l'enveloppant de maximes sacrées;
dont la senteur capiteuse
nous étourdisse dans le Divin Amour.

DES MOINES

A L'AUTEL

Un des moyens les plus authentiques, les plus traditionnels, les plus sûrs de suivre Jésus portant sa croix, est d'embrasser l'état monastique. Du plus près possible prenons modèle sur les Moines et les Moniales.

I

Morts au monde!
et mort pour eux le monde!
par séparation du monde;
et victimes pour le monde :
pour nous.

II

La croix de l'état monastique,

propre aux moines et non commune à tous
   les religieux,

est la croix de la clôture.

On entre, pour y rester vivre et mourir.

Où courons-nous? Après quoi? Avec qui?

III

Les inclinations et prostrations au chœur,
humbles témoignages

d'adoration,

et de pénitence.

En priant immobiles, ne sommeillons-nous
   pas?

IV

Marie, Moniale par excellence, solitaire et
   unique,

Jardin fermé, clôture virginale,
aime ses Moines et ses Moniales maternellement;
et l'Eglise les aime Marialement.
Et nous, peut-être, nous leur coûtons si
  cher! Car ils font pénitence pour nous.

V

Les frères lais et les sœurs tourières,
aide nécessaire,
et parfois grand souci.
Sommes-nous généreux pour les Ordres
  Mendiants?

VI

Les païens d'autrefois s'approchèrent des
  ermites et des moines
par curiosité, par admiration,
par compassion;
et se formèrent à leur école et sur leur

modèle : d'où la « foi de nos pères ».
Et la foi de nos contemporains ou de nos
continuateurs se referait par la même
influence.

VII

Les « coulpes » et pénitences publiques des
    moines en chapitre
où ils s'accusent eux-mêmes
où ils sont « proclamés » ou dénoncés et ne
    se justifient point
mais écoutent, prosternés, l'accusation et
    la sentence.
Réparons-nous au moins nos mauvais
    exemples manifestes?

VIII

La parole écrite, le Verbe écrit, la Sainte
    Ecriture, livre des Moines,

leur livre unique, peut-on dire,

tant sa méditation concentre toute leur
activité intellectuelle.

Nos lectures ne nous égarent-elles pas?

IX

Les « satisfactions » aux frères irrités :

« quiconque, pour le plus minime sujet, se
fait reprendre par l'Abbé ou par un aîné,

« ou soupçonne quelque animosité même
légère de son aîné contre lui,

« doit sans délai se prosterner à ses pieds,
jusqu'à ce qu'il l'ait apaisé.

« à défaut de quoi, il sera soumis aux châtiments corporels,

« ou, s'il s'obstine, sera chassé du monas-
tère » (Reg. S. P. Bened. Cap. LXXI).

Savons-nous nous humilier devant les
autres?

X

Les cilices,

les flagellations,

parfois même en chapitre.

Ne sommes-nous pas bien douillets?

XI

« Elevé de terre, j'attirerai tout à moi »?

La vie monastique est un spectacle de calvaire,

une prédication de l'exemple.

Notre vie rend-elle témoignage de notrefoi,

à nos dépens?

XII

Par la vertu de la profession religieuse

toutes les actions des moines

revêtent le caractère,

et acquièrent la valeur,

d'une immolation, d'un sacrifice, d'une
action sacrée.

Avons-nous prononcé quelque oblation,
quelque consécration, peut-être quelque
vœu?

XIII

Assistance monastique aux frères défunts.

Déjà la profession, comme un second baptême, avait payé les dettes antérieures.

Assistance sans délai, puissante, persévérante.

Avons-nous pris de bonnes dispositions
pour le temps qui suivra notre mort?

XIV

La terre sacrée des monastères
en laquelle s'est résolue la substance des
consacrés,

de laquelle ils ressusciteront,
est si souvent profanée de nos jours par les
bateleurs des champs de foire!
Si elle avait été respectée, notre sol aurait
plus de valeur et serait plus facilement
béni.

DE SAINT MARTIN

A L'AUTEL

Saint Martin, imitateur et consolateur de
Jésus au chemin de la croix,
notre modèle et notre père, priez pour nous!

I

Le Dieu d'amour, condamné à mort, et
marchant à la mort
a toujours trouvé des amis pour le suivre
jusqu'à la mort.
Suivons-le, à l'exemple de saint Martin,
pour mourir avec lui.

II

Acceptation par un acte initial et décisif d'une vie « nouvelle ». Il faut nous convertir.

Saint Martin, âgé de 15 ans, se fait inscrire catéchumène,

se dérobe à l'autorité paternelle, qui mettait sa foi naissante en péril, et part soldat.

Avons-nous fait le pas décisif de notre conversion?

III

Les gloires de l'Eglise Constantinienne avaient peu duré. L'Arianisme déchirait l'Eglise.

C'est à l'heure de ces luttes religieuses pleines de périls pour la vie et pour la foi, que saint Martin se convertit.

Avons-nous peur? Notre conversion tarde
  tant!

IV

Privilégié de Marie, il reconnaît la vraie
  Eglise, par un instinct filial,
et se détourne avec horreur des sectes
  ariennes.
O Marie, protégez-nous de toute infiltra-
  tion hérétique: libéralisme, modernisme,
  laïcisme, ou quiétisme, ou illuminisme...

V

En Orient saint Pierre d'Alexandrie avait
  vu Jésus porter un manteau déchiré :
  Arius, dit Jésus, a déchiré mon manteau.
En Occident, il apparaît vêtu de la moitié
  d'une clamyde : « Martin le catéchumène, dit-il, m'a vêtu ».

Martin avait partagé sa clamyde avec un
  pauvre.
Notre pitié voit-elle Jésus dans le prochain?

VI

Il approche de Jésus,
l'étudie,
s'y conforme,
dans la retraite
sous la docte direction de saint Hilaire.
Que faisons-nous? Et sous quels maîtres?

VII

Autre plaie de l'Eglise, le priscillianisme et
  ses effroyables immoralités.
Saint Martin le condamne.
Les pouvoirs publics poursuivent cruellement les priscillianistes.
Saint Martin obtient partiellement leur
  grâce.

Savons-nous allier la miséricorde à la justice?

VIII

Il s'entoure de moines

il laisse des monastères naissants, partout où il s'arrête,

afin qu'ils soient une prédication vivante.

Nos mœurs sont-elles édifiantes?

IX

Troisième plaie de l'Eglise, au temps de saint Martin : le retour au paganisme, ou l'obstination dans le paganisme, surtout à la campagne.

Il évangélise les campagnes, les exorcise et les sanctifie.

C'est à quoi s'emploient encore les curés de campagne et les missionnaires : prions pour eux;

et l'*Œuvre des campagnes* : soutenons-la.

X

Ces pauvres gens exhibaient les tares de
l'humanité
dépouillée de la justice originelle
Il les revêt de la grâce.
Nos efforts tendent-ils surtout à la diffu-
sion de la grâce?

XI

Crucifié à ses devoirs
selon les usages du temps,
il peut servir au Bon Dieu pour les plus
grandes œuvres.
Ne rêvons-nous pas de succès sans la croix,
ou de croix de fantaisie?

XII

Il aspirait au ciel.
Il ne refusait pas de vivre encore.

Notre volonté de vivre n'est-elle pas
  égoïste?
Notre désir de mourir ne le serait-il pas?

XIII

L'Eglise de Tours et toutes les Eglises de
  France,
ont reçu, gardent, et nous montrent
son puissant témoignage : qu'il eût de
  zèle! que nous devons nous dévouer!

XIV

Ses reliques prolongent en un sens sa pré-
  sence.
Visitées par tous les plus illustres des rois
  et des personnages de France.
O saint Martin, soyez notre salut!

DE LA FRANCE

A L'AUTEL

Les nations chrétiennes, comme les simples
particuliers font leur chemin de la croix;
car « tous ceux qui veulent vivre pieusement », individus ou collectivités « souf-
friront persécution ».

I

La toute puissance du libéralisme ou laïcisme
condamne à mort la religion;
et, par voie de conséquence, la patrie,
et les âmes.

II

Déjà dans les vieux temps, Bérenger,
    Abaylard, Philippe le Bel,
les Gallicans, les Réformés, les Jansénistes
avaient mis sur l'épaule de la France catho-
    lique la croix du doute.

III

Et la France catholique tomba à terre
ses autels,
ses prêtres,
ses coutumes,
sous les coups de la Révolution de 1789.

IV

Multiples assistances de Marie au cours du
    siècle suivant :
Médaille Miraculeuse,

Lourdes,

La Salette,

Pontmain.

Oh! Restez avec nous jusqu'au bout de nos
tentations!

V

Quelques hommes d'Eglise,

quelques laïques,

soulagent momentanément la patrie;

qui reste prisonnière de la franc-maçon-
nerie.

VI

Dans le même temps, et surtout dans les
plus récents,

se réveille la vie contemplative :

dans les cloîtres qui se repeuplent,

dans le monde, qui s'éprend des Divins
Mystères.

VII

Néanmoins et dans le même temps, la
  France fait une deuxième chute, plus
  grave,
dans le laïcisme athée. En 1793 on n'avait
  pas éliminé toute Divinité.
Lois laïques, dites « intangibles » de l'école,
  du divorce, des congrégations, de séparation.

VIII

Les illusions des pleureurs libéraux !
les déceptions de leurs clients !
Seul le retour à la loi de Dieu, seule l'orga-
  nisation catholique de la société et de
  l'état
sauvera la France des abîmes où on la pré-
  cipite.

IX

Si les sectes continuent leurs succès:
la France tombera dans le culte de Lucifer,
après le Christ chassé par les déistes de 1789,
après Dieu chassé par les laïcistes du
     XXe siècle.
Objectif ultime des sectes.

X

Les effroyables perspectives des persécu-
     tions de l'antéchrist.
du naturalisme triomphant :
dans le monde, dans les familles, dans les
     âmes,
et en enfer.

XI

La France catholique crucifiée
par les trois clous des trois « lois intan-

gibles » et laïques : école, divorce, séparation.

Si j'avais été là, disait Clovis.

Nous y sommes. Que faisons-nous? Que
ferons-nous?

XII

La perte des âmes, dans la « seconde mort »

La mort de la foi dans la nation.

La mort des libertés légitimes.

La mort de la race.

« La France se meurt. » Voulons-nous donc
nous asseoir sur son tombeau?

XIII

O Marie, ô Eglise, impérissable,

et secourable,

recevez les victimes du naturalisme,

de l'apostasie officielle!

Notre Dame de Pitié, ayez pitié!

XIV

Le tombeau de notre grandeur passée?
le tombeau de notre liberté?
le tombeau de notre race?
Oh! Pas le tombeau de notre espérance!
Morts, vous nous ressusciterez.

XIV

DE LA DÉFENSE CATHOLIQUE

A L'AUTEL

O Marie, Mère de la patrie!
aidez-nous à connaître, à aimer, à porter,
avec prudence, courage et succès,
notre croix de défense catholique.

I

« Mon royaume n'est pas de ce monde;
   autrement mes soldats combattraient
   pour moi ».
Son royaume nétait pas de ce monde.
A présent il l'est : c'est une grande nation
   catholique.

Comme au temps des Croisés, la société
doit défendre sa foi.

II

Témoignage du martyre, quand il n'est pas
à propos de combattre.
Pour le moment, la croix de la défense
catholique mot d'ordre de nos évêques.
L'ambition d'être la victime des bourreaux
n'autorise pas à se faire leurs complices.
même par inertie.

III

Nos insuccès, pour être tombés dans des
idées fausses.
Et d'abord les préjugés du vieux régalisme
et gallicanisme : qu'il n'est jamais permis
de résister aux pouvoirs publics,
ou qu'il vaut toujours mieux subir la persécution.

Se peut-il, après les exemples des Maccha-
bées?

IV

O Marie, « terrible comme une armée rangée
en bataille »,
et qui avez écrasé la tête du serpent, et
inspiré les Croisades,
donnez-nous de combattre,
et de vaincre!

V

On peut se faire aider, mais on doit porter
sa croix soi-même.
Les Catholiques ne doivent pas se mettre à
la suite des incrédules;
mais prendre l'initiative de leur défense
catholique,
et en garder la libre conduite.

VI

Les femmes ont leur rôle dans la défense
  catholique :
rôle de prière,
d'excitation,
de consolation,
de propagande...

VII

Seconde cause d'insuccès, ou seconde erreur,
  le quiétisme :
« Laissez faire Dieu, laisser Dieu nous sau-
  ver. »
Comme si les événements se faisaient tout
  seuls!
D'autres les feront contre nous.
Ne tentons pas Dieu.

VIII

Par la parole et par la presse.

Telle est actuellement la forme de la lutte.

Prions beaucoup pour les conférenciers et
les publicistes,

afin qu'ils ne faiblissent pas dans leur
témoignage.

IX

Troisième cause d'insuccès, ou troisième
erreur : le libéralisme.

Les bons n'osant pas user du droit de bien
faire,

par crainte de gêner les mauvais occupés à
faire mal!

Entre eux et nous, pas d'équation des droits.

X

Ceux qui luttent risquent leurs aises,
leur considération auprès de certaines gens
éventuellement, leurs biens,
qui sait? leur vie!
C'est pourquoi ils sont rares.

XI

De grandes angoisses, de grands déchirements, dans le cœur de ces héros,
à l'heure d'une décision compromettante
d'un témoignage décisif.
O mon Dieu! Soutenez-les « confesseurs »
de nos droits!

XII

Jadis, tant de héros! Tant de martyrs!
Ah! que le souvenir âcre du sang
enivre tous ceux qui luttent,
et propage une sainte contagion d'héroïsme.

XIII

Qu'il faut donc avoir du mal, pour faire un
peu de bien!
Qu'il en a coûté à Jésus et à Marie,
et à nos ancêtres, à nos « pères »,

pour nous amener au point où nous sommes!
Nulle paix, que par les tourments de
quelques sacrifiés. .

XIV

Lutte de longue haleine!
Ceux qui l'entreprennent n'en verront pas
   le bout.
Sur leurs tombes on combattra encore.
Nous vivons de ceux qui nous précédèrent
et pour ceux qui nous suivront.

TABLE DES MATIÈRES

MAYENNE, IMPRIMERIE FLOCH. — 5-9-1930.